CON GRIN SU CONOCIMIENTOS VALEN MAS

- Publicamos su trabajo académico, tesis y tesina

- Su propio eBook y libro - en todos los comercios importantes del mundo

- Cada venta le sale rentable

Ahora suba en www.GRIN.com
y publique gratis

Verena Caroline Wernet

Blogs en Latinoamérica

GRIN Verlag

Bibliografische Information der Deutschen Nationalbibliothek:

Die Deutsche Bibliothek verzeichnet diese Publikation in der Deutschen National-
bibliografie; detaillierte bibliografische Daten sind im Internet über http://dnb.d-
nb.de/ abrufbar.

Dieses Werk sowie alle darin enthaltenen einzelnen Beiträge und Abbildungen
sind urheberrechtlich geschützt. Jede Verwertung, die nicht ausdrücklich vom
Urheberrechtsschutz zugelassen ist, bedarf der vorherigen Zustimmung des Verla-
ges. Das gilt insbesondere für Vervielfältigungen, Bearbeitungen, Übersetzungen,
Mikroverfilmungen, Auswertungen durch Datenbanken und für die Einspeicherung
und Verarbeitung in elektronische Systeme. Alle Rechte, auch die des auszugsweisen
Nachdrucks, der fotomechanischen Wiedergabe (einschließlich Mikrokopie) sowie
der Auswertung durch Datenbanken oder ähnliche Einrichtungen, vorbehalten.

Imprint:

Copyright © 2013 GRIN Verlag GmbH
Druck und Bindung: Books on Demand GmbH, Norderstedt Germany
ISBN: 978-3-656-57578-8

This book at GRIN:

http://www.grin.com/es/e-book/263016/blogs-en-latinoamerica

GRIN - Your knowledge has value

Der GRIN Verlag publiziert seit 1998 wissenschaftliche Arbeiten von Studenten, Hochschullehrern und anderen Akademikern als eBook und gedrucktes Buch. Die Verlagswebsite www.grin.com ist die ideale Plattform zur Veröffentlichung von Hausarbeiten, Abschlussarbeiten, wissenschaftlichen Aufsätzen, Dissertationen und Fachbüchern.

Visit us on the internet:

http://www.grin.com/

http://www.facebook.com/grincom

http://www.twitter.com/grin_com

1. Introducción

http://www.amaliorey.com/2009/06/29/hablan-los-blogueros-post-86/<09.01.2013, 21.06>

Esta caricatura de un blog en lengua española ilustra la importancia de bloguear para mucha gente hoy en día. Para muchas personas escribir regularmente en su blog parece ser un elemento fundamental de la vida. La palabra "blog" es de origen inglés y viene de "weblog". Además hay en la lengua española el término "bitácora digital". Aunque todavía esté marcado como un artículo nuevo la palabra "blog" ya está hispanizada y aparece en el diccionario de la Real Academia Española.[1]

El concepto de escribir un blog es parecido a la manera de escribir una bitácora en los barcos. Por eso "bitácora" y "bitácora digital"pertenecen al mismo campo semántico. En el blog se escribe periódicamente textos y se los publica en la página web del blog para que otra gente los pueda leer. La comunidad colectiva de todos los blogs se llama la blogosfera. Tanto el término "blog" como el fenómeno de bloguear se desarrollaron al final de los años 90 del siglo XX.[2] El blog moderno es una evolución de los diarios en línea. Ahora el bloguear es uno de los servicios de Internet más populares. Normalmente los lectores pueden comentar los textos. Si el autor les da una respuesta es posible que ambas partes establezcan un diálogo y discutan sobre el tema del artículo.[3] Por eso el blog es desde un punto de vista lingüístico un propio género comunicativo. Si bloguear tiene tanta importancia para la gente hoy en día se puede investigar de los efectos de

---

[1] http://lema.rae.es/drae/?val=blog<17.01.2013, 17.01>
[2] Tino Seeber: Weblogs – die 5. Gewalt. Eine empirische Untersuchung zum emanzipatorischen Mediengebrauch von Weblogs, Boizenburg 2008, p. 23-25.
[3] http://es.wikipedia.org/wiki/Blog<11.01.2013, 9.56>

esta actividad: ¿Quiénes son las personas que escriben un blog y por qué lo hacen? ¿Cómo se notan los blogueros y qué influencia tienen? Este ensayo está basado en estas preguntas e intenta responderlas concentrándose en los blogueros latinos. El enfoque incluye todos los blogs de autores latinos. No excluye a los blogueros latinos que viven en el extranjero. Hay muchos blogueros latinos que viven en EEUU y es casi imposible que se escriba solamente sobre los blogs publicados "en Latinoamérica" o mejor dicho de autores que viven en Latinoamérica porque uno de los elementos característicos de un blog en Internet es el hecho de que se lo puede escribir y leer en todo el mundo si no hay ninguna censura.

2. El significado del Internet en Latinoamérica

Según varios estudios, es cierto que hay muchos blogueros latinos y que tienen una influencia enorme en la sociedad latina.[4] Forman uno de los grupos étnicos más grandes entre todos los blogueros del mundo.[5] Entre ellos los blogueros más activos son los jóvenes. Quizás los jóvenes latinos sean más activos en Internet que sus compañeros de EEUU o Europa porque durante mucho tiempo participar regularmente en Internet era mucho más difícil para ellos que para sus compañeros de EEUU o de Europa. Hacía poco tiempo la gran mayoría de los latinos no tenía su propio acceso al Internet. A lo mejor intentan compensar con su actividad extremo el tiempo perdido sin Internet. Muy parecida a este concepto sobre el uso del Internet es la idea de Ph.D. Felipe Korzenny de la Universidad de Florida. El investigador añade que muchas personas latinas perciben que es posible que se cierre el abismo económico entre los latinos y los estadounidenses a causa de los conocimientos sobre los nuevos medios de comunicación. Consideran bloguear como una posibilidad perfecta para ganar la experiencia indispensable en Internet y sobre los nuevos medios de comunicación. Desgraciadamente no todo el mundo tiene la posibilidad de ir a la universidad pero la opinión común es que se puede ganar en Internet los conocimientos importantes y básicas para obtener un buen puesto. Se llama tecnologías de la liberación a esta percepción del mundo y la sociedad. Además

---

[4] http://www.eluniversal.com.mx/articulos/50787.html<16.01.2013, 16.52>

[5] http://navigator.cision.com/Blogeando-Latinos-Are-Blogging-Are-you-Engaging-Them.aspx<16.01.2013, 15.08>

se considera la actividad en los medios de comunicación del Internet como una posibilidad para convertirse en otra persona y conseguir una nueva autoestima e identidad.

3. Bloguear como una fuente económica en Latinoamérica

Hay programas que ayudan a los blogueros para que ganen dinero con sus blogs. Esta fuente de ingresos es una posibilidad con la que las mujeres latinas pueden ganar dinero mientras que están en casa para cuidarse de su familia.[6] Según varios estudios, mucha gente compra justo los productos que les han recomendado en una comunidad virtual o en un blog. Por eso existe el fenómeno de blogueros pagados que escriben para ciertas marcas. La economía y la mercadotecnia de las empresas y las marcas ya han notado que la comunidad virtual de los blogueros tiene una gran influencia en la sociedad y el comportamiento de los compradores. Según unas investigaciones, la gente prefiere comprar inconscientemente justo estos artículos los que les ha recomendado alguien. Los fundadores de un blog comercial usan este fenómeno para sus propios intereses porque un blog comercial funciona de la manera siguiente: Una persona lee en un blog sobre la calidad de un producto. Entonces se acuerda en la tienda inconscientemente del hecho de que este producto está relacionado con mucha calidad. Es probable que no note por qué prefiere este producto pero finalmente lo comprará.[7]

En 2008 "The Jeffrey Group" hizo una investigación con el título "La blogósfera en América Latina: Un Análisis de los Webfluentials de la Región". Según esta investigación, el blog en Latinoamérica es un medio de comunicación en desarrollo. La economía, las empresas, las organizaciones, las instituciones políticas y la sociedad en general ya han entendido el potencial enorme de este medio de comunicación. Los blogueros saben que tienen mucha influencia en la gente y sus opiniones sobre diferentes asuntos y productos. Hay una gran variedad de temas aunque muchos blogs latinos estén básicamente

---

[6] http://navigator.cision.com/Blogeando-Latinos-Are-Blogging-Are-you-Engaging-Them.aspx<16.01.2013, 15.08>
[7] http://navigator.cision.com/Blogeando-Latinos-Are-Blogging-Are-you-Engaging-Them.aspx<16.01.2013, 15.08>

enfocados en la tecnología, la política y las noticias de interés general. Sin embargo son el canal ideal para la mercadotecnia del nicho en el Siglo XXI.[8]

4. Los Blogueros latinos en EEUU

Pero no solo las mujeres latinas que están en casa y recomiendan en sus blogs ciertas marcas ganan dinero con sus blogs. Además hay muchas personas latinas que viven en el extranjero y escriben un blog sobre diferentes temas. A veces escriben también sobre ciertos productos y marcas. Por supuesto reciben dinero por sus recomendaciones. Por eso este ensayo no está basado solamente en la análisis de los blogs que son publicados por blogueros que pasan su vida en Latinoamérica sino que se enfoca los blogs de personas latinas que vivan en cualquier lugar del mundo. Lo más importante es su identidad latina. El hecho de que un blog latino transmite una perspectiva latina es muy importante para muchos lectores con raíces latinas.[9]

Es obvio que un bloguero que domine bien su proyecto y esté informado ampliamente sobre su temas pueda tener éxito con su blog e influir en la sociedad con su propia opinión sobre un cierto asunto. Lo más importante es que el autor esté capaz de convencer a otras personas con sus textos. En cambio no importa en qué país o continente se encuentra. Su blog puede ser leído por mucha gente de su país de origen aunque viva al extranjero.

Además hay también los blogueros hispanos que son muy importantes para unas empresas en el extranjero. Existen muchos blogueros hispanos que viven en EEUU y escriben un blog sobre todo lo que les parece importante y notable. Hay blogueros que hacen un blog bilingüe mientras que otros escriben solamente en español o en inglés. En algunos blogs se puede observar el fenómeno lingüístico del "spanglish" lo que significa la mezcla de los dos idiomas.[10] Los blogueros están capaces de establecer una relación aparente entre los consumidores hispanos y las marcas estadounidenses. Otros hispanos viviendo en EEUU tienen confianza en las recomendaciones de otra gente latina. Por eso

---

[8] http://www.eluniversal.com.mx/articulos/50787.html<16.01.2013, 16.52>

[9] http://www.pontealdia.com/nacion/las-voces-latinas-se-unen-en-la-blogosfera.html<22.01.2012, 15.09>

[10] http://www.pontealdia.com/nacion/las-voces-latinas-se-unen-en-la-blogosfera.html<22.01.2012, 15.09>

prefieren los productos recomendados por latinos. A pesar de esto la importancia de los bloorlos hispanoamericanos para las marcas y la economía en EEUU es muy potente.[11]

5. Un ejemplo de un blog "clásico"

Lógicamente hay también los blogueros que escriben sobre la moda y el estilo. Este tipo de blog es muy "clásico" porque hay un montón de blogs que tratan de la moda. Una bloguera que escribe sobre la moda es por ejemplo la latina Mercedes Sánchez. Es la autora de bechicmag.com[12]. Vive en EEUU y escribe su blog en inglés aunque sea de origen latina. Comenzó su blog en 2006. Ahora es muy famosa entre los seguidores de blogs latinos. Además ha instalado un canal de televisión de bechic.mag.com. Trabaja medio día en una universidad en EEUU pero sueña de la posibilidad de vivir de su blog. Tiene muchos gastos por su proyecto. Aunque su negocio crezca mucho todavía no puede vivir de este. Ahora quiere modificar su concepto para ganar suficiente dinero para superar el déficit de bechicmag.com.[13]

6. Conclusión

Como conclusión se puede resumir que hay muchos blogueros latinos. Por eso existen varias maneras de bloguear y no hay solo un tipo de blog en la sociedad latina. Un elemento característico de todos los tipos de los blogs latinos es la importancia de una propia perspectiva latina al mundo. Este elemento es muy importante para la mayoría de los latinos que escriben o leen regularmente un blog.

Además hay blogueros que son muy importantes para la mercadotecnia de ciertas marcas porque mucha gente compra los productos que están recomendados por los blogueros. Son un elemento de la economía porque reciben dinero por sus textos en los que recomiendan ciertos productos. Esta manera de influir en los consumidores existe tanto en Latinoamérica como en EEUU donde los hispanos prefieren sobre todo los productos

[11] http://www.hispanictrending.net/hispanic_blogs/<16.01.2013, 13.33>
[12] http://bechicmag.com/magazine/<16.01.2013, 16.26>
[13] http://www.tuvozentuvida.com/2011/05/02/mercedes-sanchez-una-bloguera-latina-exito/<16.01.2013, 16.32>

que les han recomendado otra gente con origen latino. Además es una posibilidad para ganar un poquito de dinero.

Otro aspecto fundamental sobre la identidad de los blogueros es el hecho de que mucha gente en Latinoamérica, que quizás nunca tenga acceso a una universidad, opina que varias actividades en Internet, como por ejemplo escribir un blog, les ayude algún día para obtener un buen puesto porque se gana conocimientos importantes sobre los medios que están muy importantes para muchos trabajos.

Lógicamente hay también muchos blogs "clásicos" que tratan de la moda y son escritas por un miembro de la sociedad latina.

En general el Internet ofrece muchos medios de comunicación a la gente y es cierto que los latinos lo usan mucho. Tal vez sea interesante investigar el uso y la importancia de los blogs (y del Internet) en otras sociedades para compararlo con los resultados de este ensayo.

7. Bibliografía

Seeber, Tino: Weblogs – die 5. Gewalt. Eine empirische Untersuchung zum emanzipatorischen Mediengebrauch von Weblogs, Boizenburg 2008, p. 23-25.

http://www.amaliorey.com/2009/06/29/hablan-los-blogueros-post-86/<09.01.2013, 21.06>

http://bechicmag.com/magazine/<16.01.2013, 16.26>

http://www.eluniversal.com.mx/articulos/50787.html<16.01.2013, 16.52>

http://www.hispanictrending.net/hispanic_blogs/<16.01.2013, 13.33>

http://lema.rae.es/drae/?val=blog<17.01.2013, 17.01>

http://navigator.cision.com/Blogeando-Latinos-Are-Blogging-Are-you-Engaging-Them.aspx<16.01.2013, 15.08>

http://www.pontealdia.com/nacion/las-voces-latinas-se-unen-en-la-blogosfera.html<22.01.2012, 15.09>

http://www.tuvozentuvida.com/2011/05/02/mercedes-sanchez-una-bloguera-latina-exito/<16.01.2013, 16.32>

http://es.wikipedia.org/wiki/Blog<11.01.2013, 9.56>